$\mathcal{A}$ través d

MW00944089

A través de mi ventana

Jade

Dinorah Pérez Acosta

Publicaciones Entre Líneas

A través de mi ventana
Primera edición, 2015

Composición, diseño interior
Pedro Pablo Pérez Santiesteban.

Diseño de cubierta:
Pedro Pablo Pérez Santiesteban

Imagen de cubierta
Fotografía de la autora.

© Dinorah Pérez Acosta, 2015
© Publicaciones Entre Líneas 2015

ISBN: 978-1519541055

Miami, Florida, EE.UU.
www.publicacionesentrelineas.com

La poesía es un acto libre
un sentir de original inspiración,
brota espontánea,
auténtica en los adentros del humano,
sin distinguir razas, edades ni color.
La crítica que habita...
está en el tribunal de tu interior.

Jade

A manera de prólogo

Detrás de la ventana de cada ser, hay un laberinto de experiencias y sensaciones, que afloran cuando la madrugada llega, para convertirse en versos que flotan primero, para luego caer sobre las hojas blancas del papel y transformarse en poemas. Poemas que muestran el mundo interior del poeta, poemas que lloran y ríen, que recuerdan y añoran...

Justo es eso lo que Dinorah nos regala en *A través de mi ventana*, segundo libro de poesías, que esta sensible mujer pone al ruedo literario.

Un compendio de emociones afloran en las páginas de su libro, para agasajar con sus versos a sus seres más queridos y a los recuerdos guardados. Dinorah transita por el verso libre y corto, en ocasiones también juega con la rima, pero en cada uno de sus poemas va un mensaje de amor y de esperanzas, aunque a veces una furtiva lágrima, indique que hay dolor en el corazón de la poetisa:

"Me sorprendieron los días
con muchas ansias nuevas
entre fotos y recuerdos amarillos
del baúl de mis memorias aferradas,
apuñadas, temerosas en mis manos.

Corro con ellas al espacio solitario,
aquel lugar de mi refugio aislado
en que guardo un raudal de cosas,

navegantes entre polvos...
amarillas por los años.

Ay... mis vivencias quietas...
Ay... mis momentos aplazados..."

A través de mi ventana, es un silencio abierto a la reflexión y al interior de una mujer que sueña y sufre, que ama y evoca, pero que por encima de cualquier obstáculo, se aferra a la tabla salvadora que un mar bravío trata de arrancarle de sus manos, por eso ella se empina y lanza en voz de auxilio versos donde crece la fe y la esperanza:

"Empina tu mirada hacia el espacio,
conecta con firmeza el corazón al infinito".

Pedro Pablo Pérez Santiesteban [AWA]
PUBLICACIONES ENTRE LÍNEAS

A través de mi ventana

Me enredo en el camino de la madurez,
en arrojos de sentir, desnudando cada poro de mi alma.

Mojada de salitre cabalgo en mis noches de recuerdos,
misterios confundidos por sentimientos de pasión,
amor, ternura, desamor y tristezas.

Húmeda por el sereno de mi insomnio
y el rocío amaneciente que despega de la noche.
Escribo, Dejándome llevar por el olor de mi rosa
virtual...
que perfuma el papel, que se enternece
por el baño de estrellas y luceros que iluminan.

Vuela el pensamiento y despliega mi lápiz para plasmar,
este sinfín de ideas en formas de poesías.
Otra vez vuelvo a regalarles lo que percibo,
a través de mi ventana...

Proyecto ficción

Tengo ya muchos marzos, detrás de mis espaldas,
cincuenta y seis inviernos, con citas aplazadas.

Un mar de rosas frescas, allí en el firmamento,
miles de mariposas que adornan mi proyecto.

Armaré una nave que vaya al universo,
que arranque y desenclave,
con rumbo hacia algo nuevo.

Fundirlo todo en uno, crear un molde,
como modelo ejemplo de otras generaciones.

Dinorah Pérez Acosta

Se llama Margarita

Se llama Margarita, esa niña traviesa,
que juntas cuando niñas jugábamos en casas.

En un pueblo lejano; chiquito y marinero,
del que guardo recuerdos y me muero por ver.

Añoro reencontrarla, recordar la niñez
en que fuimos felices y juntas renacer.

Enclaustro

Me enclaustro en las tinieblas del recuerdo a derroches,
en mis noches de luna y recuerdos en cofres.

Quedaré, sentada aquí contigo,
tú y yo... yo y tú...
en umbral de conciencias.

Hojeando todo el libro, cada página escrita,
con sinfín de episodios, experiencias vividas.

Confió en que a mí, no me tilden de loca,
por esos argumentos que digo yo en mis cosas.

Pues tenlo por seguro, aun con tu opinión,
que únicamente Dios evalúa mi prosa.

Cosmos de pasiones

Confieso he gravitado
en cosmos de pasiones,
he habitado en planetas
de abrasantes amores.

Crucé fronteras, rompí cadenas,
doble hierros,
navegué hondas aguas,
naufragué en desiertos.

¿Cómo haré?, yo al nacer
nunca supe de frenos,
no entiendo en ese haber,
en Amor, nadie es cuerdo.

Enclaustro II

Me enclaustro en las tinieblas del recuerdo
malgastando las plumas y papel donde escribo.

Mañana voy a comprar las gomas,
para borrar las notas viejas
que de ti quedan en mi pensamiento.

Dinorah Pérez Acosta

Está en ti

El amor está allí,
aunque esquives tu mirada
y te niegues aceptar,
el amor está en ti, aunque digas lo contrario,
aparentes ser feliz.

Está, sí, digas lo que digas,
hagas lo que hagas,
está en tu subconsciente
como una rosa fresca bañada de roció
en despliegue de fragancia.

En el aire, en el aliento como fuego abrasante,
aunque medie la distancia,
está en tu cama,
está en tu boca,
está en tu piel.

Entre polvos y amarillos

Me sorprendieron los días
con muchas ansias nuevas
entre fotos y recuerdos amarillos
del baúl de mis memorias aferradas,
apuñadas, temerosas en mis manos.

Corro con ellas al espacio solitario,
aquel lugar de mi refugio aislado
en que guardo un raudal de cosas,
navegantes entre polvos...
amarillas por los años.

Ay... mis vivencias quietas...
Ay... mis momentos aplazados...

De repente, en lo virtual se animan,
salen ansiosos de lo inanimado...
para llenar mi alma de contento,
cuando abrazo tus recuerdos por un rato.

En breve interviene la tristeza,
es demasiado fugaz la mutación,
muy corto espacio para amarlos
y alimentar el arrugado corazón..
que solo vive por un tiempo breve
de esos recuerdos amarillos empolvados.

Dinorah Pérez Acosta

Por encima de todo

Te expongo mi cenit
te amaré, que me importa...
por encima del puente que conduce al olvido,
del aire, el mar, la tierra. Te amaré porque sí.

Te amaré aunque cierren, clausuren puertas,
te amaré en el espacio, por lo eterno del cielo,
aunque cierren candados, y se fundan las calles
entre hierros y piedras.

No me importa quién hable,
el que critique u ofenda,
aunque firmen decretos, sus leyes con enmiendas,
adjudiquen o culpen, es mi Ley: te amaré.

Te amaré por amarte,
a través del aliento, cuando seque mi boca,
se congele mi sangre y me mude de piel.
Aunque llegue la muerte...Te amaría también.

Qué más si amanece

Amanece y el cielo te regala su día,
amanece ese aire que oxigena tu cuerpo,
amanece el árbol que adorna, vigila.

Un cielo, el mar, el sol, el arroyo que irriga.
El niño somnoliento hambriento en la cocina,
el perrito travieso, el sinsonte que anima.

Mi buen carro viejo,
el barco y marinero,
el carretón que cruje.

Amanece tu hambre, tu sonrisa, tus cantos, deseos.
Amanece; ¿qué más...? Aquí estoy... ¡qué alegría!

Dinorah Pérez Acosta

Mi respiro

No cortes mi respiro, no me niegues la vida,
porque muero como aquel jardinero,
que al cortar las rosas, ellas también murieron.

Rescata tus deseos,
devuélveme el aliento de tu fuente
que brota en manantial.

Recuerdo aquel pasado
que vive en mi presente,
como un potro salvaje,
me tiende a desbocar.

Su velocidad me impulsa,
casi rindo, no tengo fuerzas.
Te busco sin encuentro,
sospecho ya el final.

A ti todo, hasta el olvido

Hasta mi olvido es tuyo,
también mis noches largas,
mi atardecer y amaneceres desvalidos con frío.

Las lluvias, las tardes con arrogante sol,
la mayor parte de mis días.

Es tuyo todo el dolor que no amaina en mis adentros,
la herida que aquí sangra, sangra y duele.

Mi insegura sonrisa, lágrimas de dolor profundo,
los sinceros llantos impacientes que no callan.

Mis tristes barquichuelos sin destino,
mis cortinas al viento que no paran de flotar a la deriva,
con esos locos pensamientos que las siguen.

Mis frustradas pasiones con proyectos impotentes,
que buscan como locos el olvido en sus baúles
empolvados, corroídos.

Quiero pulverizar lo mío que ya no es tuyo,
montar en cualquier tren sin nombre a cualquier sitio,
bajarme en el andén, allí dejar todo el ayer, todo mi hoy,
darles la espalda y dejarlas para siempre.

Dinorah Pérez Acosta

Escucha golondrina

Vuelve mi tierna golondrina
a traerme un nuevo amanecer,
retorna elocuente y atrevida
platícame un nuevo atardecer.

De un buen amor especial y loco
que adormezca y mitigue mi esperanza,
me transforme en alegrías los enojos
devolviendo la fe y la confianza.

No regreses al vuelo golondrina.
Quédate, no te vayas de repente,
alienta el suspiro que me anima
y entrégame a la vida nuevamente.

Se llamaba Martha

Sí, Martha le llamaban
a la dama que esa noche
lloró ante el altar...
sola, triste y desolada.

La noche de aquel septiembre
allí, impecable ella estaba
toda de blanco azahar,
con pura ilusión de novia.

Inexplicable, impaciente espera,
el tic tac de un reloj apurado,
de pronto un hombre con voz temblorosa,
daba la cruel noticia que su novio murió.

La tristeza invadió todos los rostros,
inundados de lágrimas, lamentos y sollozos,
por aquella mujer llamada Martha.

Vanas esperanzas

He cargado un puñado de esperanzas,
un vano tiempo en el vacío,
hoy amaneció tan diferente,
decidí acabar con el hastío.

Se acabaron los llantos, las tristezas,
voy de regreso a la vida conmigo, de repente,
cuando apenas despertaba,
despejé todo y lo puse en el olvido.

Vi que el sol tiene abierta una ventana,
irradia luz, purifica y sana.

Salgo rápido hasta ella, corro,
trato de alcanzar a esa ventana que hoy,
se abre cada mañana.

Un lienzo en tus manos

Le sobra imaginación al caballete
en el que descansa tu obra magistral
con tiernos trazos y colores.

Me cautiva tu pincel y los versos de tus telas.
Bella tierra afiliada al universo de tu entorno,
se convierte en un lienzo vivo, con la magia del arte.

Estas ahí, un humano en el suspenso,
una firma con tu nombre que concluye
el resultado de tu imaginación.

Por tu gran magisterio sigo fiel
a las galerías de cualquier siglo.

Dinorah Pérez Acosta

Suspiros mitigados

En una noche interminable
en los brazos de tu amor
se abalanzan suspiros mitigados
con besos de dos locos.

Te busco como a ciegas
entre murmullos y gemidos
ahogando mi garganta.

Ansiosa te devuelvo el encuentro
de mi pecho en desespero,
en torrente de sangres bullentes,
a tono nos amamos sin freno.

Delirantes mitigamos la pasión
como fundiendo en uno los dos cuerpos jadeantes.

Vuelan

Vuela un alma montada en mariposas,
así también los sueños como si fueran alas.

Queda detrás la gigante ilusión en busca de su alma.
Preso el corazón amante, atado de su cuerpo
y su pasión que nunca te ha olvidado espera quieto,
aguardando tu regreso cualquier día.

Herido, derrotado llegarás, con aliento vacío,
en una lejana paloma gris de mirada triste y sombría.

Dinorah Pérez Acosta

Entre pedazos rotos

Entre pedazos rotos y añicos de esperanzas
se ha quedado mi alma, destrozada y sombría,
sin afán de vivir, sin aliento a seguirla.

No se cómo perdió su esencia.
¿Cómo fue mi Dios?
Ni yo misma sé, cómo sucedió.

Quizás esté en la historia que entrega el Señor al nacer,
hay una salvedad netamente tuya, de saber cómo hacer.

Si no te orientas bien te arrepientes mañana,
es todo irreversible... no se vive otra vez.

A través de mi ángulo

A través del ángulo de mi mundo interior,
no se ve diferente, todo viste en colores,
cuando tienes amor.

Su explanado sendero embellece con flores,
al cifrado camino que tendré que cruzar.

Si abalanzo sin miedo, positiva y valiente,
de seguro lo bueno me podrá regresar.

Dinorah Pérez Acosta

La magia de París

París, bella, majestuosa
gran ciudad que monumento,
cuánto inspiras a una prosa
bien lograda o en destiempo.

Eres magia que transformas
a pinceles y los lienzos,
al trazo de cualquier arista
cuando inspira el pensamiento.

Gran historia legendaria
que navega por el tiempo,
virtual, algo imaginaria,
aún lejos de conocerla.

Es exquisita mujer
en la letra de escritores,
esa hermosa Torre Eiffel
construida con glamur.

Bella y genuina leyenda
con sus dones que enamora,
al forastero turista,
a todo el que a ti te añora.

A degüello

Como a degüello arrasan
latidos ardientes a mi pecho,
derrumban mi energía,
con solo se avecine tu presencia,
me ahoga este suspiro.

Salgo impaciente,
me arrojo caminante a cualquier calle,
encuentro mi refugio en un café,
donde te pienso y me consuelo...
en sus paredes verdes.

Ahí amanso poco a poco el recuerdo y me repongo,
porque en breve, a pesar, aunque lo niegue,
tú vuelves y abarcas mi pensamiento.

Dinorah Pérez Acosta

Ir y venir

La sociedad que cambia,
en su ir y venir
me asusta como viaja,
como cambia de trenes.

Es bueno que transformes,
es bueno la dialéctica,
pero nunca te olvides de mantener
TU ESENCIA.

Desencuentro y desvelo

Me encuentro aquí en el recuerdo de mi pecho,
en las noches vacías donde reina el desvelo
                                    por no tenerte.

Déjame ser tu propiedad, la locura de tu anhelo,
déjame que sea parte en tu recuerdo.

Déjame al menos convertirme
en lo virtual de tu secreto.

Dinorah Pérez Acosta

Adargas

Adargas pongo a mi tierno corazón
que desvalido llora, angustiado y sombrío,
latiendo a toda hora.

Habita en la serenidad de su regazo gris
en un rincón del alma, resistiendo todo,
con paciencia y amor.

Ay amor paciente, que te entregas y das todo,
ofreces por entero, sin formular preguntas,
ni poner condición.

No quiero que rindas guerrero,
te pido que no mueras,
reacciona a la razón...
que la vida no espera.

Enaltece, anda, que no te importe nada,
ya no sufras, no llores,
te quiero corazón.

A mi barrio

Volverás cuando me fui sin avisarte,
cuando no te reciba en mi llegada.

La enramada no existe,
están oscuras y marchitas las luces de la calle.
Me lacera el corazón.

Se han aislado, no maúllan los gatos en el patio,
no ladra el perro de Yolanda la vecina...
y Tosco se murió.

No recuerdo los rostros, los niños ya crecieron...
se marcharon muchos, todo mi barrio en silencio quedó.

Dinorah Pérez Acosta

Trozo de poesía

Le traigo a mi despertar
este trozo de poesía
que me invita añorar,
con cierta melancolía.

Le lleva un beso a tu boca
fragancia de mi embeleso
el amor que me provoca,
un poco de desespero.

Lindo canto melodioso
que cumple mi profecía
alimentando con gozo
tu amor en mi fantasía.

Amor espacial

Ven silencio de la noche
irrumpe audaz mi secreto,
que despacio me despierte
con mi paso soñoliento.

Llévame lenta, obediente
a la cumbre del sentir
que me conduce a las alturas.

Noche guarda tu silencio,
para que nadie se entere
que viajamos inconscientes
a la cima del placer.

Dinorah Pérez Acosta

Vértice

Amanecí otra vez
en brazos de tus sueños,
de nuevo y sin saber...
te juro que no quiero.

Me niego, lo confieso
estoy en el vértice,
a tan solo un momento
al borde de mi tiempo.

Hoy decidí archivar
maletas de recuerdos,
las tiraré en el mar...
ya para qué las quiero.

¿Qué piensas tú?

De intenso gris y en feriado,
hoy de lunes amanece,
grandes lluvias con enfado...
unos truenos que ensordecen.

Yo, por acá en mi guarida
escribo con desespero,
le pregunto al consejero,
él me contesta enseguida.

¿Qué piensas tú mi lector?
¿son poemas o poesías?
¿verso libre o alguna prosa...
de sensible fantasía ?

Dinorah Pérez Acosta

Si no regresas

Ven, regresa mi vida,
la quietud y esperanza,
el reposo la paz,
la luz y la confianza.

No permito de nuevo que te lleves su esencia
que intrínseca habitaba en espera sombría,
de noches, madrugadas, interminables días.

Si no regresas pronto a tratar revivirla,
morirá ya la flor que alimenta mi vida,
quedará triste y seca en destierro de sombras,
sin el brillo del sol y la luz de los días.

Lo que quedó

Un día de locura te regalé mi vida,
remendados pedazos de los que estaba vestida.
Los puse a tu merced de servil entregada,
como una ingenua débil, inexperta y frustrada...

Me tiré en un abismo lleno de cruel maldad,
atreviéndome a todo con riesgo a fracasar.

Ayer al regreso me vuelve la razón,
respondí atrevida como un ave rapaz,
en conquista, en busca de los pedazos rotos,
decidí restaurar lo que queda de vida.

Dinorah Pérez Acosta

De gris y azul

Se teje de gris el cielo con azul de turquesa,
amenaza de lluvia y posible tormenta.

Paisajes de enormes flamboyanes
hacen ver todo hermoso en mi bella ciudad.

La lluvia es todo amor; lo gris es melodía.
El viento es suave arrullo y tú eres mi poesía.

Siento un cantar

Siento el cantar de las gaviotas
con notas melodiosas a mi oído,
les acompaña un sinfónico vals
de elegantes y alegres mariposas.

Van a posar presurosas,
dotadas de gran sonoridad,
quieren regalar música a mi prosa.

Una hermosa sensación,
gran complicidad,
que al unir mi prosa y su canción
nace esta tierna poesía.

Dinorah Pérez Acosta

Desengaños y sorpresas

Desengaños, sorpresas te encuentras en el versátil
camino,
tropiezos de amores de pasión desmedida,
al fin, nada más formulan historia a tus años...
cuando llega cordura de qué valen regaños.

Nunca es tarde si de sabios se trata
y aplicas didacta la lección,
lo que tienes es regalo de Dios
a pesar de lo que a veces resulta.

Empina al terraplén sus tortuosas calles,
pueden sorprender avenidas mejores.

Danza tu baile con donaire y gracia,
para que la desordenada tempestad se calme,
disfruta sus salones, complace tus deseos,
que la licencia de la vida no se otorga de nuevo.

Imaginación en luna

Como en viento volaron las palabras,
así eleva mi mente a un espacio
de sueños, fantasía e imaginación.

Me siento un cometa que llega a la luna,
quiere habitarla, instalando otra especie de amor
entre seres; entre hombre y mujer.

Imagino como un paraíso de inmensos árboles,
gente linda con aires de fiesta y caras alegres.

Las casas son grandes palacios,
jardines frescos, hermoso color.
La familia es un manjar tibio de aromas
a especies en gran comunión.

La unión en amor de pareja se funde en uno.
Solo al mirarse se entienden los dos.

No conocen la muerte, solo amor...
y vida en otra dimensión.

Dinorah Pérez Acosta

Forastero recuerdo

Forastera, eso es lo que soy, sí...
cuando siento cercano tu cuerpo,
a pesar de que tengo un pedazo
del incierto pasado atado a mi mente.

Complicada la vida, qué irónica es,
tanto dentro y afuera.
Es presente y está ausente...
me confunde de loca manera.

Hablo al corazón a veces cuerda,
que ya no te quiero... no es cierto,
nublo, bloqueo mi razón,
es mi orgullo primero.

Reacciono, desvío el pensamiento,
imploro a Dios todas las noches...
No te quiero ni en sueños.
Que me cierre estos ojos, por el bien de los dos.

Envío al universo

Camina despegando la tristeza,
no permitas que se cuelgue a tus espaldas.
Renuncia a todo lo negativo,
defiende tu guarida con valor y confianza.

Empina tu mirada hacia el espacio,
conecta con firmeza el corazón al infinito.

Sin duda emite tu pedido,
que a corto o largo plazo,
te responde y prueba,
que la Ley de la Atracción nunca falla.

Dinorah Pérez Acosta

Sin regreso

Por qué no se mitiga
el deseo de tenerte
tanto, tanto me lastima,
no puedo convencerme.

Tarde es ya para el día
que concibas regreso
nunca más yo volvería,
te afirmo y confieso.

Ataré fuerte las riendas
para no flaquear de nuevo.
Imagino que me entiendas...
ya murió todo mi anhelo .

Cuando amanece

Está jugando con mi canto de poesía
un cielo hermoso que amanece,
un sol radiante que añora iluminar,
cruza a recibirlo una habitual gaviota.

Me encuentro siempre con lo usual a diario.
Escenarios con obras; libretos diferentes.
Igual te abrazo, nada cambia el presente.
Me nutre y anima verte cuando amanece.

Dinorah Pérez Acosta

Tu vientre

Revolveré tu vientre
que adentra en mi secreto.
Te siento galopar como potro salvaje.
Me asustan esas riendas cuando llegas,
es como si tocara los dinteles...
sin tiempo a descubrirte.

Le pido al Oriente

Le pido al oriente que bese los ojos,
sacuda con fuerza mi frente.
Me saque las espinas alargadas y finas;
hincan profundo, sangran heridas.

Le pido que se pare el reloj de arena,
me apura y entorpece los sentidos.
Le he rogado al Oriente que refresque
la juventud de mi papel cuando lo escribo.

Le he pedido al Oriente me aquiete...
y desprenda totalmente de tu piel.

Dinorah Pérez Acosta

Humedad

La calle huele a lluvia y el agua se desliza,
por reposado cristal de inmensos ventanales.

El frío me comparte una fuerte humedad.
Las dos aquí afuera, y a mí... me huele a soledad.

Esta lluvia que anida, amansa mis sentidos,
estimula a una taza de caliente café.

Miedos

Tengo miedo y me asusta
como cambian de color
las hojas de los árboles
y siento un no sé qué...

Tengo miedo a cada año
cuando mueve su estación.
Tengo miedo se transforme
el color de mi cabello...

¿Por qué abrazarte miedo?

Dinorah Pérez Acosta

Valor de amigo

La amistad no se amedrenta,
no debilita con el filo de la duda.

Surge espontánea y transparente,
no se basa en intrigas ni permite cizaña.

No da cabida a falsedad; tampoco a la hipocresía.
Es un lineal principio que no a todos pertenece.

No te encuentro

Qué puedo hacer, qué puedo hacer amor
con este frío de no tenerte,
siento que emerjo en el dolor.

He navegado mares tratando de encontrarte.
Crucé por mil fronteras buscando alguna
que supiera de ti.

Por los ríos por las piedras.
Te busco en mi razón y solo encuentro desespero.

Te busco amor, amor a todas horas.
te busco amor en todas partes
pero ninguna me contesta...
Ninguna mi amor puede hablarme de ti.

Dinorah Pérez Acosta

Llegué para quedarme

Alma que espero. Alma que añoro.

Ojalá mañana cuando el cielo avise
con sus claros rubios y cabellos largos,
de ese sol que adoro quede aquí extasiada.

Se abren mis ojos por esa claridad que ciega
y me dejó despierta...

En letargo de emociones te veo frente a mí.
Ni sé que decir... no tengo palabras.
Te adueñas de mi vista.

Te escucho con esa voz llena de dulces nervios
cuando me dices: Aquí estoy amor... llegué para
                                                    quedarme.

Entonces corazón qué me importa morir.

Por encima de todo

Te expongo mi mundo
te amaré qué me importa,
por encima del puente que conduce al olvido,
por el aire, la tierra y corrientes: te amaré porque sí.

Aunque cierren puertas, el espacio no alcance,
en lo eterno del cielo, los ríos y mares...

Aunque pongan candados,
se fundan las calles entre hierros y piedras,
si difaman o hablen, critiquen u ofendan.

Aunque firmen decretos, sus leyes, enmiendas,
Adjudiquen o culpen... es mi Ley... Te Amaré.

Te amaré porque te amo,
a través del aliento, aunque seque la boca,
se congele mi sangre o me quede sin piel...
y después de la muerte... te amaría también.

Dinorah Pérez Acosta

Hablar de este sentir

Poesía eres tú,
trasmisor perfecto, eterno decir de los adentros.

Así te siento.

Magia exquisita de aguda inspiración
que transforma en un poema,
con o sin rima, con o sin puntos,
perceptiva de sinfónicos sonidos.

Así te veo.

Suave sonoridad al emitir palabras,
eres sencillamente coro de voces...
que le cantas al amor, desamor, dolor y a la alegría.

Así te digo.

No queda a quién tú no le cantes,
en explosión de bella lengua adicional,
en el átomo y molécula más ínfima del ser de los poetas.

Así me llegas.

Vicio de ti

Quiero subir muy alto y lanzarme al vacío
buscando ya curarme de este vicio de ti.
Si al regreso veo mares, bajaré aguas profundas
por tratar de esconder entre algas y rocas.

Tomaré cualquier barco que me lleve a lugares
conquistando otros puertos y sus nuevas ciudades.
Seguiré hasta el cansancio,
buscaré mil maneras de llenar cada espacio.

Para al fin como loca, leona o pantera...
Comenzar todo en cero, sin el vicio de ti.

Dinorah Pérez Acosta

Sólo virtual

Te haré el amor virtual
recordando en mis noches
por los mares de sal...
y cascadas ausentes.

Te haré el amor virtual
por los años que anidan,
tu ausencia en mi recuerdo
a través de mi vida.

Te haré el amor virtual
como ayer sin atenuantes,
sin freno de la gente...
como siempre...Tú ausente.

Ni elogios ni críticas

No persigo solamente elogios
tampoco tu arrogante crítica
solo quiere mi humilde poesía
compartirte un arpegio amoroso.

Donde fue de testigo el ayer,
las vivencias de amor y sus cuitas.

Ella va desnudándome el alma
con arrojo de intenso sentir
no está muy pendientes de reglas
ni de métrica que hay que seguir.

Solo ellas al amor le cantan...
Y no en DO, ni SOL... FA... ni RE... MI.

Dinorah Pérez Acosta

Si de pronto te sorprende

Te sorprende el amor...
se acaba tu quebranto
de lo inerte de ayer hoy renace otra flor.

Venéralo con fuerza si el amor llega así,
anídale, y verás cómo vibra tu pecho
inúndate de él con loco frenesí
para que ardan las llamas en tu lecho.

Pinta con rosas que cambien de color.
Matiza con tonos y locas fantasías
te elevaran al éxtasis sublime del amor.

Si por casualidad no fue lo que creías,
tropieza suelo decidida y confiada.
Renuncia a la agonía
que bloquee la luz de otra esperanza.

Ciclones y tormentas

Hay ciclones de impaciencia,
tormenta en todo sentido,
gravita la inconciencia,
una guerra en mí y contigo.

No me queda otra salida,
aplico la coexistencia.
Quiero negociar contigo.
Abracemos la paciencia.

Si no se calma el ciclón
se aquietan nuestros sentidos,
volverá la turbulencia
destruyendo nuestro idilio.

Dinorah Pérez Acosta

Sueños añejados

Me cuelgo de los sueños añejados
como lo hago de los vinos preferidos,
de la nube saturada de vapor...
que ayer fuera testigo.

De la mañana cargada de rocío,
el cielo azul y su esplendor,
del terciopelo suave de las rosas
con su aroma consentido.

Así me cuelgo, del aliento de este pecho,
que me arrastra y me dejó esperanzada en el
                              reencuentro.
Con ansias que la magia de ese amor
pueda llevarme a ti... y me deje contigo.

Desarraigo

No te amo...

Mi prisa atrasada hoy toca su fin,
aunque aún te recuerde, sea triste el olvido.
Renuncié a que mis pasos te sigan,
el ocaso se siente cerca, pronto se inclina.

Quiero ver cuando pase tu tarde,
mirando hacia atrás y pidiendo clemencia,
lo siento es de noche.

Porque ya no te quieren es que vuelves a mí...
con qué cara mirarás de frente, si tu boca manchó
con demencia mi auténtico amor.

Lo siento, paro el reloj de mi tiempo.
Cerraron las puertas...
Solo queda el frío en la intemperie...
y dos rostros secos que no se conocen.

Dinorah Pérez Acosta

Recuerdos engarzados

Se engarzan en el alma los sublimes recuerdos,
se acuestan en mi cama, adueñan el insomnio...
¿Por qué son caprichosos?, le pregunta el desvelo.
Ni yo misma lo entiendo.

Voy a tratar con fuerzas desengarzarme de ellos,
cerrando bien la puerta para nunca más verlos...
Y si acaso reintentan visitarnos de nuevo,
ya no estará ni el alma...
que resignada y triste esperó tu regreso.

Estuche de rosa

El broche de tu boca que impregna esa sonrisa
hace me adormezca y sumerja en la locura.
Es estuche de rosa que guarda blancas perlas
con suave aroma a fresas y lluvia en primavera.

Quiero abrirla despacio, muy lento, sin apuro,
suavizar el aliento para quedarme en sus labios.
Y si acaso despierto del letargo del beso,
volveré con más ansias a besarte de nuevo.

Dinorah Pérez Acosta

Fiebre de otoño

Es de tarde, se ven caer las hojas secas de los árboles,
crujen sedientas en el suelo con su color amarillento.

Llego el otoño, atardecer romántico
que hace volar a un espacio sonoro.
Hombre y mujer enamorados
se citan en habitual rincón,
cobijan uno a otro sus cuerpos.

Adentran en besos tibios, suaves...
gravitan de pasión.
Hay fiebre de otoño amante,
lenguaje de Romeo y Julieta,
quieren fundirse en el placer,
con alas tibias rumbo al éxtasis,
irracionales, delirantes,
extasiados en el tiempo y el espacio.

Identificados en un mismo centro...
del que no quieren regresar.

Portal de mi impaciencia

Sentada en el portal de mi impaciencia
vi que pasó la conocida soledad.

Me guiñó un ojo
—no me di por enterada—:
Te prefiero —le dije a la impaciencia—,
que estar acompañada de la fría señora soledad.

Le doy la vuelta a mi mirada,
converso con mi viejo banco del portal.

Él es paciente, fiel compañero en mi descanso.
Está entusiasmado como yo,
en que mañana nos llegue una sorpresa.

Dinorah Pérez Acosta

Desde mi ventana

A través de mi propia ventana
y mi apreciado mundo
nada es diferente, todo viste de galas,
cuando tienes amor.

Su preciado sendero
Ilumina con luces,
lánzate sin miedo
como buen trapecista
que expone su vida
cuando entra en función.

Dinorah Pérez Acosta

Madre

Madre,
germen bendito que nutre la vida,
alimento creado por Dios,
que solo en su vientre puede germinar.

Madre,
palabra exquisita, concepto infinito
que no todo hijo lo sabe apreciar.

Es falta de juicio de quien no respete,
maltrate y desprecie.

Cuidado inocente criatura, la vida es sorpresa.
Mamá en un instante te puede faltar.
Dejará un vacío y cargo en tu alma,
que de ninguna forma te podrás quitar.

Pintura de Friedrich-Von-Amerling

Dinorah Pérez Acosta

Un encuentro familiar...

Pueblito viejo

En un pueblito de mar
muy al sur de una provincia
después de mi amanecer
me llevaron al lugar.

No recuerdo de esos días
porque estaba muy chiquita
fui creciendo día tras día
a la orilla de su mar.

Transcurrieron once años
de muchos lindos recuerdos
con mis abuelos maternos
con Osmel y Dorelita.

Dinorah Pérez Acosta

Dorelia Pérez Acosta

A Dore (Mi hermana)

Eres la hermana más dulce
la más amorosa y buena
el orgullo que conmueve
a toda la parentela.

Desde niña fuiste noble
obediente con abuela
con tu madre, con tu padre
y maestros de la escuela.

Me siento de ti honrada,
Dore mi hermana querida,
feliz y muy orgullosa.
Bendecida y bien premiada.

Blanca L. y Rolando López

A mis sobrinos

En mis letras están hoy
mis sobrinos adorados
los llevo en mi corazón
nunca les he separado.

Se desbordan mis ternuras
recordándolos chiquitos,
cuando hacían travesuras
en el patio de abuelito.

Me acarician adulantes
las palabras de Rolito...
cuando me decían:
Mi Tita por qué tú hueles tan rico.

Y Blanquy medio celosa
me reafirma con esmero...
¿Qué pasa mi Tía chocha?
que yo a ti también te quiero.

Dinorah Pérez Acosta

Advenimiento

A mi hijo Niubers

En un primero de octubre
muy joven e inexperta
esperé el advenimiento
de mi bello hijo Niubers.

Todos contentos, felices
y yo allí con mis dolores
tratando de recordar
al nacer su bello nombre.

A pesar de ser tan joven
o tener tan corta edad,
no importó... mi Dios me daba,
la mayor de la deidad.

Otro amanecer

A mi hijo Jorge

Y siete años después
yo de nuevo en esa sala,
más adulta y preparada
a Maternidad llegué.

Toda llena de ilusiones...
Mamá por segunda vez
de al que le dicen Jorgito,
porque Jorge Luis llamé.

En aquella madrugada
de un veintinueve de julio,
felizmente bendecida
por el otro amanecer.

Dinorah Pérez Acosta

Índice

Otros títulos de
Dinorah Pérez Acosta

Disponible en www.publicacionesentrelineas.com